COUR D'ASSISES DE LA SEINE.

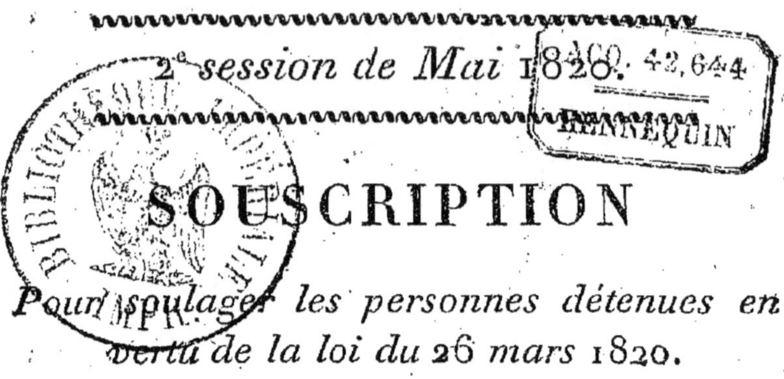

2.ᵉ *session de Mai* 1820.

SOUSCRIPTION

Pour soulager les personnes détenues en vertu de la loi du 26 mars 1820.

Nᵒ 1.

Interrogatoires des prévenus, du 13 avril 1820

M. le lieutenant-général comte PAJOL.

Demande. Etes-vous l'auteur de l'article inséré dans le Constitutionnel du 30 mars, intitulé : *Souscription nationale en faveur des citoyens qui seront victimes de la mesure d'exception sur la liberté individuelle ?*

Réponse. Je n'ai eu connaissance de cet article que par les journaux. Certains journaux, et notamment la Gazette de France, ayant dénaturé nos intentions, et m'ayant particulièrement nommé, nous avons cru devoir faire connaître quelles étaient nos véritables intentions. Nous avons rédigé, signé et pu-

I

blié l'écrit que vous me présentez, intitulé : *Souscription pour le soulagement des personnes détenues en vertu de la loi du 26 mars 1820.* Nous n'avons cru en cela que faire un acte de bienfaisance, venir au secours de l'humanité souffrante. Nous n'avons cru ni contrevenir à aucune loi, ni provoquer à désobéir aux volontés du Gouvernement.

Lecture faite, a persisté, etc. Signé PAJOL, GRANDET, juge d'instruction; DEROSTE, greffier.

M. ÉTIENNE.

D. Etes-vous l'un des auteurs de l'article inséré dans le Constitutionnel du 30 mars dernier intitulé : Souscription nationale en faveur des citoyens qui seront victimes de la mesure d'exception sur la liberté individuelle, et de l'écrit intitulé : Souscription pour le soulagement des personnes détenues en vertu de la loi du 26 mars 1820?

R. Je ne suis pas l'auteur de l'article inséré dans le Constitutionnel; mais je reconnais avoir pris part à la brochure intitulée : Souscription pour le soulagement des personnes détenues. Ainsi que tous les autres signataires de cet écrit, j'ai voulu, par un exposé sincère de nos intentions, répondre aux insinuations calomnieuses qui avaient été insérées dans plusieurs journaux, et même dans le Moniteur, sur le but d'une souscription qu'on semblait vouloir faire regarder comme une association inconstitutionnelle et même séditieuse, tandis qu'elle n'était que l'accomplissement d'un acte de bienfaisance. Je ne connais rien dans les lois qui puisse empêcher les citoyens de venir au secours du malheur.   *Signé* ETIENNE, etc.

M. MÉRILHOU.

D. Êtes-vous, Monsieur, l'un des auteurs de l'article inséré dans le Constitutionnel du 30 mars dernier, et intitulé : Souscription nationale en faveur des citoyens qui seront victimes de la mesure d'exception sur la liberté individuelle, et commençant par ces mots : *L'arbitraire revêtu de la forme de la loi ?*

R. Non, Monsieur ; je n'en ai eu connaissance que par les journaux, et je l'ai toujours regardé comme un article de journal.

D. Reconnaissez-vous l'écrit que je vous représente, intitulé : *Souscription pour le soulagement des personnes détenues en vertu de la loi du 26 mars 1820 ?*

R. Oui, je le connais : je n'en suis pas le seul auteur ; mais je suis l'un des auteurs.

D. Vous êtes inculpé d'avoir, en publiant cet écrit, attaqué formellement le pouvoir constitutionnel du Roi et des chambres, et d'avoir provoqué à la désobéissance aux lois.

R. La manière dont vous envisagez l'écrit en question est tout-à-fait contraire à l'intention que je crois qu'on a voulu manifester. Nous n'avons pas voulu nous opposer à l'exécution de la loi, mais soulager les personnes qui souffriraient par suite de cette exécution. Nous avons voulu assurer des secours à leurs familles, et amener la manifestation légale de leur innocence devant les tribunaux. C'est une œuvre de bienfaisance que je n'ai pas cru d'une autre nature que le soulagement qu'on donne à des condamnés, à des accusés, à des incendiés, et à d'autres classes de malheureux. En mon particulier j'ai cru remplir le devoir commun de l'humanité, qui est de soulager l'infortune, et le devoir spécial de mon ministère, qui m'oblige par serment à soutenir la faiblesse et à éclairer l'ignorance.

J'étais d'autant plus éloigné de supposer de la criminalité dans une pareille démarche, que la plupart des personnes avec lesquelles je me suis trouvé appelé à y concourir, étant revêtues des plus hautes fonctions de l'état, devaient être plus éloignées que personne de toutes intentions contraires aux lois du pays. Lecture faite, etc. .... *Signé* MERILHOU.

GÉVAUDAN.

D. Etes-vous auteur de l'article inséré dans le Constitutionnel du 30 mars, intitulé : Souscription nationale en faveur des citoyens qui seront victimes de la mesure d'exeption sur la liberté individuelle, et de l'écrit que je vous représente, intitulé : Souscription pour le soulagement des personnes détenues en vertu de la loi du 26 mars 1820.

R. Je n'ai connu l'article que par les journaux; quant à l'écrit je l'ai signé, parce que je n'y ai vu qu'un acte de bienfaisance. Lecture faite, etc.
Signé GÉVAUDAN.

ODILLON-BARROT.

D. Etes-vous l'un des auteurs de l'article inséré dans le Constitutionnel du 3o mars dernier : intitulé *Souscription nationale en faveur des citoyens qui seront victimes de la mesure d'exception sur la liberté individuelle*, et commençant par ces mots : *L'arbitraire revêtu de la loi;* et de l'écrit que je vous représente, intitulé : *Souscription pour le soulagement des personnes détenues en vertu de la loi du 26 mars 1820?*

R. Je ne suis pas auteur de l'article insérédans le Constitutionnel , mais j'avoue l'écrit.

D. Vous êtes inculpé d'avoir, en publiant cet écrit attaqué formellement le pouvoir constitutionnel du Roi et des chambres, et d'avoir provoqué à la désobéissance aux lois.

R. Le fait de la souscription a pour objet de venir au secours des citoyens qui seront frappés par les lois d'exception , et qui paraîtront dignes de ces secours ; le fait est en lui-même honorable, et ne présente rien dont un bon citoyen ne puisse se glorifier , non-seulement aux yeux de ses concitoyens, mais aux yeux des agens même du pouvoir.

Quant au fait de la publication de l'écrit que vous me représentez, il a été également provoqué par les intentions les plus honorables : voici ce qui a eu lieu , et dans une pareille occasion nous ne pouvons avoir qu'un très-grand avantage à faire connaître toute la vérité sans aucune espèce de réticence.

Je ne sais quels sont les citoyens à qui la pensée d'a-
doucir les rigueurs de la loi est d'abord venue. Je ne
sais si c'est Paris qui en a eu l'initiative; je crois même
qu'elle s'est manifestée en même temps dans plusieurs
villes de province : cela n'est pas étonnant ; il était
naturel qu'un sentiment noble, généreux et vrai-
ment libéral, se manifestât simultanément dans plusieurs villes de la France. Mais ce qui prouve que,
même à Paris, ce projet de souscription n'avait
aucun caractère de complot, c'est que j'ai moi-même
appris par le Constitutionnel que je faisais partie
du comité que les premiers souscripteurs réunis
avaient chargé de l'application de leurs secours. Cependant quelques journaux avaient cherché à dé-
naturer les intentions des souscripteurs ; ils faisaient
considérer cette souscription comme une association
politique, ayant pour objet d'affaiblir le respect qui
est dû aux lois ; l'on y parlait d'organisation dépar-
tementale : c'est précisément pour détruire ces im-
putations d'autant plus graves qu'insérées dans des
journaux semi-officiels, elles ne pouvaient être sans
réfutation de notre part, que nous avons tous ré-
solu de déposer dans un écrit public la véritable
destination de la souscription, afin de ne laisser
aucune espèce de nuage sur notre véritable but,
qui est un but de pure bienfaisance; j'avoue que
j'ai été l'un des premiers à provoquer cette manifestation publique de nos sentimens, parce que,
autant il est dans mon caractère, dans ma nature
et dans l'idée que je me fais de mes devoirs comme
avocat, de ne laisser aucune oppression, aucun

malheur non mérité, sans secours, et sans appui, autant je veux me montrer éloigné de tout ce qui ressemble à un complot ou à une attaque politique.

Lecture faite. *Signé* ODILLON BARROT.

~~~~~~~~~~~~~~~~~~~~

Extrait de l'Interrogatoire des Journalistes.

BIDAULT, éditeur du *Constitutionnel.*

D. Êtes-vous auteur de l'article inséré dans le Constitutionnel le 3o mars, intitulé: Souscription nationale en faveur des citoyens qui seront victimes de la mesure d'exception sur la liberté individuelle?

R. Non, Monsieur.

D. Quel en est l'auteur?

R. Cette souscription a été envoyée au bureau du Constitutionnel par cinquante députés environ, MM. Laffitte, Benjamin-Constant et autres.

D. Avez-vous l'original de cet article?

R. Il doit être au bureau; je le rechercherai, et si je le trouve je le représenterai.

L'interrogatoire a été suspendu en cet instant et le sieur Bidault est sorti pour aller chercher la pièce à lui demandée.

Et ledit jour, à midi et demi, s'est de nouveau représenté le sieur Bidault, lequel nous a dit: je ne puis vous faire la représentation de l'original de l'article intitulé: *Souscription nationale;* je l'ai cherché inu-
~~~~~~~~~~~~~~~~~~~~

tilement dans le bureau. Tous les derniers ou premiers jours de chaque mois nous brûlons toutes les pièces que nous avons reçues, et la pièce originale de l'article dont vous me parlez a été brûlée comme les autres.

D. Vous êtes inculpé d'avoir, dans l'ensemble de cet article, dans tous et dans chacun de ses passages, attaqué formellement l'autorité constitutionnelle du Roi et des chambres, d'avoir provoqué à la désobéissance aux lois, délit prévu par les articles 4 et 6 de la loi du 17 mai 1819.

R. Je ne crois pas m'être mis du tout dans le cas de ces articles là pour avoir désobéi aux articles 4 et 6 de la loi.

D. N'est-ce pas provoquer à désobéir à une loi que de publier que cette loi méconnaît l'humanité et la justice, dont les droits ne peuvent jamais être abolis ni suspendus ?

R. Je ne crois pas que ces messieurs aient eu en vue dans cette souscription d'attaquer cette chose-là, parce que ces personnes-là connaissent les lois, ce sont des députés; ils doivent connaître leurs devoirs. Lecture, etc. *Signé* BIDAULT.

N° 2.

Réquisitoire de M. le procureur du roi de première instance.

Attendu néanmoins qu'il n'est pas suffisamment établi qu'en imprimant l'écrit intitulé *Souscription,* le sieur Baudouin ait agi sciemment ainsi qu'il est dit à l'art. 60 du Code pénal, qui définit la complicité; qu'ainsi il y a lieu de lui appliquer les dispositions de l'art. 24 de la loi du 17 mai 1819;

Attendu enfin que les autres inculpés n'ont détruit par leurs réponses aucune des charges résultant contre eux de la publication des écrits ci-dessus désignés.

Nous requérons que rapport soit fait à la chambre du conseil par M. le juge d'instruction; que les éditeurs responsables des journaux, *le Constitutionnel*, *la Renommée*, *l'Indépendant*, *le Courrier*, *l'Aristarque*, *le Censeur*, *la Bibliothèque historique et les Lettres Normandes*, soient renvoyés à la cour royale, comme prévenus des deux délits ci-dessus désignés, et résultant de la publication de l'article inséré le 30 mars dans divers journaux sous le titre de *Souscription nationale, en faveur des citoyens qui seront victimes*, etc.

Que les sieurs Odillon-Barrot, Gévaudan, Mérilhou, Étienne, Pajol et Joly (de Saint-Quentin) soient également rénvoyés devant la cour royale comme prévenus des mêmes délits résultant de la publication du deuxième écrit intitulé *Souscriptions pour le soulagement*, etc.

Et qu'il soit déclaré n'y avoir lieu à suivre contre l'imprimeur Baudouin.

Fait au parquet, ce 21 avril 1820, le procureur du Roi. *Signé* JACQUINOT PAMPELUNE.

N° 3.

Ordonnance rendue par le tribunal du première instance.

Ouï, le rapport de M. Grandet, juge d'instruction, duquel il résulte que le 30 mars dernier, les journaux intitulés *le Constitutionnel*, *le Censeur européen*, *le Courrier français*, *l'Indépendant*, *la Renommée*, *l'Aristarque francais*, publièrent un article intitulé : *Souscription nationale en faveur des citoyens qui seront victimes de la mesure d'exception sur la liberté individuelle*, commençant par ces mots : *L'arbitraire revêtu de la forme de la loi*, etc.

Ce même article a été inséré depuis dans le premier cahier du quatorzième volume de l'écrit périodique ayant pour titre : *Bibliothèque historique*; et dans le tome dixième, page 237, de l'écrit périodique connu sous le nom des *Lettres normandes*.

Le 31 mars dernier, un écrit fut imprimé et publié chez Baudouin, imprimeur, ayant pour titre : *Souscription pour le soulagement des personnes détenues en vertu de la loi du 26 mars 1820.*

Cet écrit et l'article sus-énoncé furent poursuivis par le ministère public, comme contenant une attaque formelle contre le pouvoir constitutionnel du Roi et des chambres, et une provocation à la désobéissance aux lois.

Les auteurs de l'article inséré dans les journaux sont restés inconnus.

Les éditeurs responsables des journaux qui l'ont publié sont le sieur Bidault, pour le *Constitutionnel*; les sieurs Comte et Dunoyer, pour le *Censeur européen*; Gaubert, pour le *Courrier français*; le Gracieux, pour la *Renommée*; Bert, pour l'*Indépendant*; Voidet, pour l'*Aristarque français*; Gossuin, pour la *Bibliothèque historique*, et Foulon, pour les *Lettres normandes*.

Les sieurs Gévaudan, Étienne, Odillon-Barrot, Mérilhou et le comte Pajol, se sont reconnus auteurs et signataires de l'écrit imprimé chez Baudouin. Ils ont déclaré n'avoir, en le publiant, voulu que concourir à un acte de bienfaisance; cet écrit est également signé par le sieur Joly (de Saint-Quentin).

Attendu que l'écrit imprimé chez Baudouin ne présente pas les caractères qui constituent l'un des délits prévus par la loi du 17 mai 1819; que les auteurs de cet écrit, dont on ne peut rechercher les intentions autre part que dans le texte de l'écrit même, prévoient qu'il pourrait exister des abus dans l'exécution de la loi du 26 mars dernier, et désirent y remédier, mais n'attaquent cependant pas formellement cette loi en elle-même, et ne provoquent pas à lui désobéir;

Attendu que l'article sus énoncé, publié dans plusieurs des journaux du 30 mars dernier, contient dans son ensemble, dans tous, et dans chacun des alinéas qui le composent, et plus particulièrement dans les deux premiers, une attaque formelle, par l'un des moyens énoncés en l'art. 1er de la loi du 17 mai 1819, contre le pouvoir constitutionnel du

Roi et des chambres, et une provocation, par l'un des mêmes moyens, à la désobéissance aux lois ; délits prévus par les art. 2 et 4, 3 et 6 de la même loi ;

Attendu que le même cahier du quatorzième volume de la *Bibliotèque historique* contient page 40, un article intitulé : *Despotisme ministériel*, commençant par ces mots : *Le Gouvernement a demandé l'arbitraire ;* etc.

Que les deux premiers alinéas de cet article constituent le délit d'attaque formelle contre le pouvoir constitutionnel du Roi et des chambres, et de provocation à la désobéissance aux lois, délits prévus par les art. 1, 2 et 4, 3 et 6 de la loi du 17 mai 1819;

Que l'auteur de cet article est inconnu ;

Attendu que les auteurs des articles sus-énoncés étant inconnus, il y a lieu de poursuivre les éditeurs responsables ;

Vu les art. 4 et 6 de la loi du 17 mai dernier, les art. 9 et 10 de la loi du 26 mai, et l'art. 2 de la loi du 9 juin suivant ;

Déclarons qu'il n'y a pas lieu à poursuivre contre les sieurs Baudouin, imprimeur, Gévaudan, Étienne, Odillon-Barrot, Mérilhou, Joly et Pajol, renvoyons devant la cour royale les sieurs Comte, Dunoyer, Bidault, Gaubert, le Gracieux, Bert, Voidet, Gossuin et Foulon.

Fait et jugé en la chambre du conseil le 29 avril 1820.

N.º 4.

Extrait du réquisitoire de M. le procureur-général.

Attendu que cet article contient dans son ensemble et dans tous les alinéas qui le composent, et plus particulièrement dans le paragraphe commençant par ceux-ci, *la discussion*; et finissant par ce mot, *l'arbitraire;* dans le 2.ª commençant par celui-ci, *l'humanité;* une attaque formelle, par l'un des moyens énoncés en l'article 1.ʳ de la loi du 17 mai 1819, contre le pouvoir constitutionnel du Roi et des chambres et une provocation par l'un des mêmes moyens, à la désobéis sance aux lois, délits prévus par les articles 2, 3, 4, et 6 de la même loi;

Attendu que le même cahier du quatorzième volume de la *Bibliothèque historique,* contient, p. 40, un article intitulé, *Despotisme minis tériel,* commençant par ces mots, *le Gouvernementa demandé l'arbitraire;* que les deux premiers alinéas de cet article constituent les délits d'attaque formelle contre le pouvoir constitutionnel du Roi et des chambres, et de provocation à la désobéissance aux lois, délit prévu par les art. 1, 2, 3, 4, et 6 de la loi du 17 mai 1819.

En ce qui concerne Odillon-Barrot, Joly (de Saint-Quentin,) Gévaudan, Mérilhou, Étienne et Pajol;

Attendu que le 31 mars dernier, un écrit imprimé chez Baudouin fut publié sous le titre *de Souscrip-*

tion pour *le soulagement des personnes détenues en vertu de la loi du 26 mars 1820*; que les individus qui viennent d'être désignés se sont reconnus auteurs et signataires de cet écrit;

Attendu que l'ensemble de cet écrit, et spécialement les deux premiers paragraphes de la page 3, commençant par ces mots, *une loi*, et par ceux-ci, *cette loi*; le paragraphe de la page 4, commençant par ces mots, *la discussion*; celui de la même page, commençant par ces mots, *Chez une nation*; le premier paragraphe de la page 5 et tous le surplus dudit écrit, constituent les délits d'attaque formelle contre l'autorité constitutionnelle du Roi et des chambres, et de provocation à la désobéissance aux lois, prévus par les art. 2, 3, 4, et 6 de la loi du 17 mai 1819, nous requérons que les susnommés soient renvoyés devant la cour d'assises.

Fait au parquet, ce 3 mai 1820. *Signé* BELLART.

N° 5.

ARRÊT DE LA COUR ROYALE,

CHAMBRE D'ACCUSATION.

La Chambre des mises en accusation, réunie à celle des appels de police correctionnelle, sur la demande de M. le procureur général, et conformément à l'art. 3 du décret du 6 juillet 1820,

M. le procureur-général est entré, et a fait le rapport du procès instruit contre Bidault, éditeur responsable du *Constitutionnel*;

Comte et Dunoyer, éditeurs responsables du *Censeur*;

Le Gracieux, éditeur responsable de la *Renommée*;

Gaubert, éditeur responsable du *Courrier français*;

Voidet, éditeur responsable de *l'Aristarque français*;

Foulon, éditeur responsable des *Lettres normandes*;

Gossuin, éditeur responsable de la *Bibliothèque historique*;

Baudouin, imprimeur, Odillon-Barrot, Joly (de Sanit Quentin), Gévaudan, Mérilhou, Etienne et Pajol.

Le greffier a donné lecture des pièces du procès, qui ont été laissées sur le bureau.

M. le procureur du Roi a déposé sur le bureau la réquisition écrite et signée, tendant à ce qu'il plaise à la cour, en faisant droit sur l'opposition du procureur du Roi, annuller l'ordonnance de la chambre du conseil du tribunal de première instance de la Seine, en ce qui concerne Odillon Barrot, Joly (de St.-Quentin), Gévaudan, Mérilhou, Etienne et Pajol, déclarer qu'il n'y a lieu à suivre à l'égard d'Alexandre Baudouin, et renvoyer Bidault, Comte, Dunoyer, Bert, le Gracieux, Gaubert, Voidet, Foulon, Gossuin, Odilon-Barrot, Joly (de Saint-Quentin,) Gévaudan, Mérilhou, Etienne et le comte Pajol devant la cour d'assises, pour y être jugés conformément à la loi.

Le procureur-général s'est retiré ainsi que le greffier.

Il résulte des pièces du procès les faits suivans :

Sur le réquisitoire du procureur du Roi une instruction a eu lieu au tribunal de première instance du département de la Seine contre :

1.° Comte et Dunoyer, éditeurs responsables du journal ayant pour titre *le Censeur Européen* ;

2.° Le Gracieux, éditeur responsable du journal ayant pour titre la *Renommée* ;

3.° Gaubert, éditeur responsable du journal ayant pour titre le *Courrier français* ;

4.° Bidault, éditeur responsable du journal ayant pour titre le *Constitutionnel* ;

5.° Bert, éditeur responsable du journal ayant pour titre *l'Indépendant* ;

6.° Voidet, éditeur responsable du journal ayant pour titre *l'Aristarque français* ;

7.° Foulon, éditeur responsable de l'écrit périodique ayant pour titre *Lettres Normandes*.

8.° Et Gossuin, éditeur responsable de l'écrit périodique ayant pour titre *la Bibliothèque historique* ;

A raison d'un article inséré dans les N.ᵒˢ 90 du *Censeur*, 258 de *la Renommée*, 284 du *Courrier français*, 90 du *Constitutionnel*, 325 de *l'Indépendant*, 107 de *l'Aristarque*, tome X, lettre 6, des *Lettres normandes*, et le 14.ᵉ volume, 1.ᵉʳ cahier de la *Bibliothèque historique*, ledit article ayant pour titre : Souscription nationale en faveur des citoyens qui seront victimes de la mesure d'exception sur la liberté individuelle, ayant paru le même jour et identiquement dans les mêmes termes dans les six journaux, et à une époque rapprochée dans les deux autres écrits périodiques.

Néanmoins, *le Censeur* et les *Lettres Normandes* offrent dans le titre ci-dessus la variante du mot *seraient* au lieu du mot *seront*.

Et encore à raison d'un autre article inséré dans le même cahier de la *Bibliothèque historique* ayant pour titre : *Despotisme ministériel.*

2°. Contre Gévaudan, Étienne, Odillon Barrot, Mérilhou, Joly, et le comte Pajol, signataires, entr'autres personnes, d'un imprimé en date du 31 mars; ledit écrit proposant la même souscription, mais avec des expressions différentes, le lendemain même où elle avait été annoncée dans les journaux sus énoncés, et désignant comme mandataires des souscripteurs la plupart des mêmes personnes indiquées par les journaux, et signataires en même temps de l'écrit du 31 mars;

Et contre Baudouin, imprimeur de cet écrit.

Les éditeurs responsables des écrits périodiques, ci-dessus désignés, n'ont pas fait connaître les auteurs des articles qui sont l'objet de la poursuite.

Gévaudan, Étienne, Odillon – Barrot, Mérilhou, Joly et le comte Pajol ont reconnu qu'ils étaient signataires de l'écrit du 31 mars 1820.

Baudouin a avoué que l'écrit avait été imprimé chez lui; il en a fait connaître les auteurs, et a dit avoir rempli toutes les obligations qui lui étaient imposées par la loi.

2

Par ordonnance en date du 25 avril 1820, les premiers juges ont déclaré qu'il n'y avait lieu à suivre contre Gévaudan, Étienne, Odillon-Barrot, Mérilhou, Joly, et le comte Pajol et Baudouin.

Et ils ont prévenu Comte, Dunoyer, le Gracieux, Gaubert, Bidault, Bert, Voidet, Gossuin et Foulon des délits d'attaque formelle contre l'autorité constitutionnelle du roi et des chambres, et de provocation à la désobéissance aux lois, délits prévus par les art. 1, 2, 3, 4, et 6 de la loi du 17 mai 1819, 2 et 10 de la loi du 9 juin de la même année.

Le 26 avril 1820, le procureur du roi a formé opposition à cette ordonnance.

La cour, après en avoir délibéré, statuant sur l'opposition du ministère public ;

Attendu que, des pièces de l'instruction résulte prévention suffisante, 1° contre François - Charles-Louis Comte, Barthélemy - Charles - Pierre - Joseph Dunoyer, Casimir - Urbain le Gracieux, Antoine-Lazare-Étienne Gaubert, Remy - François Bidault, Pierre-Nicolas Bert, Jean-Louis Voidet, Esprit-Michel Foulon, César-Eugène Gossuin, d'avoir en mars et avril 1820, en insérant dans les numéros 90 du *Censeur*, 258 de *la Renommée*, 284 du *Courrier français*, 90 du *Constitutionnel*, 325 de *l'Indépendant*, 107 de *l'Aristarque*, dans le tome 10, lettre 6, des *Lettres normandes*, et dans le 14° vol., premier cahier de *la Bibliothèque historique*, lesdits numéros vendus et distribués, un article dont la teneur suit.

« Souscription nationale en faveur des citoyens

qui *seront* ou qui *seraient* victimes de la mesure d'exception sur la liberté individuelle;

» L'arbitraire revêtu de la forme de la loi, ne prescrit point contre les lois éternelles que Dieu a gravées dans tous les cœurs. Les droits les plus légitimes, les plus sacrés, les plus inhérens à la nature, les lois qui ont précédé toutes les sociétés, qui président à leur existence, et qui ne peuvent jamais être ni abolis ni suspendus, sont ceux de la justice et de l'humanité.

» L'humanité et la justice sont évidemment méconnues dans les dispositions d'une mesure qui livre la liberté, la fortune, l'honneur, la réputation, la santé, la raison et même la vie des citoyens à la merci de la politique, de la haine, de la vengeance, de la corruption, de la bassesse, de l'intérêt, de la peur, de tous les caprices, de toutes les passions de quelques individus principaux et d'une foule d'agens de fauteurs de l'arbitraire.

» La discussion la plus solennelle a consacré les vérités que nous venons d'exposer. Les dépositaires de l'autorité sont venus leur donner force, en refusant 1°. de faire mention sur l'ordre, en vertu duquel on arrête un suspect, du délit dont on le soupçonne;

» 2° De faire connaître à lui-même les causes de son arrestation;

» 3° De lui donner un conseil pour l'aider dans sa défense, ni personne qui l'assiste alors même qu'il ne s'aurait ni lire ni écrire;

» 4° De s'engager à lui procurer une nourriture supportable.

» 5° De ne permettre à aucun parent ou ami du suspect de s'enfermer avec lui pour le préserver du désespoir et de la démence, suite trop fréquente du secret.

» 6° De prévenir sa famille de son arrestation, si elle a lieu hors de son domicile ; de sa mort s'il meurt en prison.

» 7° D'encourir aucune responsabilité pour une arrestation dénuée de fondement.

» 8° De publier aucune liste de suspects arrêtés ; de rendre compte aux chambres des arrestations.

» 9° De s'expliquer sur la faculté qu'aura le ministre d'arrêter de nouveau un suspect deux heures après son élargissement et de perpétuer ainsi sa détention.

» 10°. De laisser les journaux ouvert aux réclamations, bien que ces journaux le soient aux injures aux calomnies et aux dénonciations.

» Le déplorable régime sur la liberté individuelle, combiné avec l'irresponsabilité des ministres et la responsabilité illusoire de leurs agens, avec l'extinction de toute publicité, les restrictions qui menacent le droit de pétition, la censure qui atteint la tribune nationale elle-même, la ruine imminente du droit d'élection, les violations multipliées de la Charte, révèlent un système complet d'arbitraire, qui laisse la nation sans aucune garantie, et place chaque individu hors de la protection de la Charte.

» Lorsque le pouvoir des lois (suivant le Courrier Français) institué pour protéger, abjure malheureusement cette noble fonction, l'humanité ordonne à tous les membres d'un état libre de se réunir, pour porter appui et consolation à l'opprimé.

» En conséquence le projet de la présente sous crip- tion a été conçu pour offrir à chaque Français un moyen de venir au secours de ses compatriotes, vic- times de l'arbitraire, et d'être lui-même secouru par chacun d'eux. Tous sont donc également invités à prendre part à cette sorte d'assurance mutuelle qui est dans le caractère national et dans les vrais prin- cipes de la liberté.

» Il y aura à Paris un conseil central d'administra- tion chargé de suivre, auprès des ministres, les ré- clamations des Français frappés par les mesures d'ex- ception.

» Ce comité fera toutes les démarches nécessaires pour adoucir les rigueurs du régime exceptionnel, envers les citoyens, et leur procurer, ainsi qu'à leurs familles, les secours de toute nature que leur si- tuation réclamera et qu'il sera possible de leur donner.

» Le comité sera composé de deux pairs, quatre députés, trois négocians et trois avocats (suivant le Censeur et les Lettres Normandes), et suivant les autres journaux et écrits périodiques de MM. Laffitte, Casimir-Perrier, Lafayette, D'Argenson, Kératry, Joly (de St.-Quentin), Gévaudan, Odillon-Barrot, Etienne, Pajol, Mérilhou, etc., etc.

» Il entretiendra une correspondance active et s vie dans tous les départemens de la France, à l'e d'obtenir tous les renseignemens nécessaires p atteindre d'une manière prompte et efficace, le but que se proposent les souscripteur.

» Le comité recevra le produit des sommes versées à Paris et dans les départemens.

» Il en disposera selon les besoins et d'après l'avis du conseil particulier établi à Paris, et dans chacun des départemens, et dont les membres seront choisis parmi les souscripteurs.

» Toutes les fois qu'il y aura lieu, le comité publiera un compte rendu de sa gestion avec indication de l'emploi des fonds. »

Commis : 1°. Le délit d'attaque formelle contre l'autorité constitutionnelle du Roi et des chambres ; 2° Le délit de provocation à la désobéissance aux lois.

Délits prévus par les art. 1, 2, 3, 4 et 6 de la loi du 17 mai 1819 et 10 de la loi du 9 juin de la même année.

Et contre Antoine Gévaudan, Charles-Guillaume Etienne, Camille-Hyacinthe Odillon-Barrot, Joseph Mérilhou, Joly et le comte Pajol, de s'être rendus complices des deux délits ci-dessus, en donnant sciemment aux auteurs de ces délits des instructions pour les commettre, délits prévus par les art. 59 et 60 du Code pénal, 1, 2, 3, 4 et 6 de la loi du 17 mai 1819, 8 et 10 de la loi du 9 juin de la même année.

2°. Contre César-Eugène Gossuin, d'avoir à la même époque inséré à la page 40 du 14.° volume, 1er cahier de la Bibliothèque historique, vendu et distribué un article ayant pour titre : Despotisme

ministériel, et notamment le passage dont la teneur
suit.

« Le gouvernement a demandé l'arbitraire : il n'a
obtenu que l'absurde pour le fond et pour la forme :
tout est absurdité dans le régime sous lequel nous
entrons ; c'est ce qui arrive ordinairement toutes les
fois que l'on veut faire violence à la nature des
choses. Le Gouvernement a demandé l'arbitraire,
disons-nous ; l'arbitraire lui a été accordé ; cependant il n'en jouit pas, car il a perdu en même temps
la force indispensable pour l'exercer. Il est dissous ;
il n'est plus gouvernement que de nom. Les hommes
qui le composent sous le titre de ministres ou d'agens
du ministère peuvent faire du mal, mais ils le peuvent à la manière des chefs de bande, sans cesse à la
veille de subir justement et avec ignominie, le sort
des victimes innocentes qui tombent sous leurs
coups. Leur puissance n'est plus que celle du pistolet
dont parle le contrat social. Quant à leur autorité
elle s'est évanouie avec les institutions sur lesquelles
elle reposait, attendu que l'arbitraire, même légis-
lativement proclamé, ne saurait être une loi, aucun
corps délibérant ou autre n'ayant le pouvoir de
concilier ce qui est contradictoire, de rendre iden-
tiques deux choses qui s'excluent, aucune décision
humaine ne pouvant abroger l'éternelle raison.

» Nous vivons donc sous l'absence des lois, en vertu
d'une solennelle déclaration de la majorité de nos
législateurs. En d'autres termes, nous vivons sous
la tyrannie. Et avoir mis publiquement en délibé-
ration la tyrannie est une nouveauté dont il faut se

féliciter, car aucun tyran ne se fût avisé d'un tel expédient. »

Et commis ainsi. 1° Le délit d'attaque formelle contre l'autorité constitutionnelle du Roi et des chambres; 2° Le délit de provocation à la désobéissance aux lois;

Délits prévus par les articles 1, 2, 3, 4 et 6 de la loi du 17 mai 1819, 8 et 10 de la loi du 10 juin de la même année.

3°. Contre Gévaudan, Etienne, Odillon-Barrot, Mérilhou, Joly et le comte Pajol, d'avoir, le 31 mars 1820, dans un imprimé distribué, et dont la teneur suit :

« Souscription pour le soulagement des personnes détenues, en vertu de la loi du 26 mars 1820.

» Paris. De l'imprimerie de Baudoin frères, rue de Vaugirard, n° 36. — 1820.

« Une loi d'exception a mis la personne de tous les Français à la discrétion de trois ministres. Il est impossible que pour l'application de cette loi, et surtout dans les départemens, ces ministres ne s'en reposent sur des subalternes. Les citoyens sont donc inévitablement exposés aux effets des haines particulières, du zèle excessif et peu éclairé, et de dénonciations mensongères ou précipitées. Ces inconvéniens sont inséparables de toute législation arbitraire.

« Cette loi, en armant les ministres d'un pouvoir immense et de rigueurs inconnues dans notre droit public, a créé une classe nouvelle d'infortunés, d'autant plus dignes d'intérêt, qu'ils peuvent être

victimes d'inimitiés puissantes, et qu'aucune res—
source légale n'assure pour eux dans un avenir ,
même éloigné, la manifestation de leur innocence.

« Personne, disait Malesherbes , au nom de la cour
des aides , personne n'est assez grand pour échapper
à la vengeance d'un ministre, ou assez petit pour se
dérober à l'inimitié d'un commis.

» La discussion de la chambre des députés a cons-
taté que le système des emprisonnemens qu'on veut
introduire, soumet de simples suspects à des priva-
tions que nos lois épargnent aux individus accusés
régulièrement de crimes capitaux et même à ceux
que la justice a frappés des condamnations les plus
graves. Les secours d'un défenseur, les soins de la
famille , la consolation de la religion peuvent leur
être refusés.

» Chez une nation généreuse, où jamais l'infortune ne resta sans soulagement, il était impossible que
cette nouvelle classe de malheureux ne trouvât pas
des mains compatissantes pour essuyer leurs larmes.
En face des tristes monumens de 1815, les citoyens
ne pouvaient pousser l'imprévoyance jusqu'à négliger
de s'assurer des ressources contre un genre d'afflic-
tion dont on n'est garanti ni par la gloire, ni par
l'obscurité, ni par le sexe, ni par l'âge, ni même
par aucune opinion politique, quelle qu'elle puisse
être ; car on a vu gémir dans les mêmes cachots ,
sous des cruautés uniformes, et en même temps, les
partisans des doctrines les plus opposées.

» Aussi, à l'apparition de cette loi, une foule de
citoyens de tous les rangs se sont portés chez la plu-

part des officiers publics, les banquiers, les notaires, dans les bureaux des journaux, pour y déposer des fonds qui servissent de ressources aux détenus, et exprimer le vœu d'une souscription qui en régularisât l'usage.

» Jusqu'ici l'autorité publique a toujours vu avec intérêt, souvent même encouragé les souscriptions destinées à alléger les maux dont gémit l'humanité.

» Il en existe dans toute la France pour procurer des secours aux prisonniers atteints suivant les formes légales et même aux condamnés. La souscription qui procure des secours aux suspects n'est pas plus contraire à la loi qui emprisonne les suspects, que la société pour l'amélioration des prisons ou le soulagement des condamnés n'est contraire au Code pénal.

» Les souscripteurs ne pouvant, à cause de leur nombre, s'assembler pour répartir des secours aux infortunés qu'ils veulent soulager, ont donné leur confiance à un certain nombre d'entr'eux, qui ont consenti à se charger de cet acte de bienfaisance.

» Les distributions arrêtées par les mandataires seront soumises de temps à autre aux souscripteurs.

» Ceux-ci auront la faculté de garder l'anonyme, ou de consigner leurs noms sur les registres; on pourra souscrire soit pour une somme une fois donnée, soit pour des paiemens à faire à des époques déterminées.

» L'offrande la plus modique sera reçue.

» Dans les trois mois qui suivront l'expiration de la durée des lois d'exception, les fonds qui se trouveront non employés seront rendus aux souscripteurs, qui les réclameront, ou bien appliqués à des actes de bienfaisance ou d'utilité publique.

» Le conseil d'administration informé, soit par les souscripteurs des départemens, soit par les parens ou amis des détenus, fera valoir auprès de l'autorité les réclamations des personnes atteintes par la loi, et fera distribuer à elles ou à leurs familles les secours que leur position exigera.

» Tels sont les moyens par lesquels on a cru arriver aux résultats qu'on s'est proposé.

» Les soussignés, mandataires des premiers sous-cripteurs, espèrent que tous les amis de l'ordre et des lois, quelles que soient leurs opinions, se réuniront à eux, parce que l'arbitraire menace également toutes les opinions, et qu'il est de l'intérêt de tous de soulager les maux dont chacun à son tour peut se voir frappé.

» Paris, ce 31 mars 1820. Signé J. Laffitte, Lafayette, d'Argenson, Kératry, Manuel, Casimir-Perrier, Benjamin Constant, le général Pajol, Gévaudan, Étienne, Odillon Barrot, Mérilhou, Joly (de Saint-Quentin), Dupont (de l'Eure) Chauvelin.

Commis : 1°. Le délit d'attaque formelle contre l'autorité constitutionnelle du Roi et des chambres ; 2°. Le délit de provocation à la désobéissance aux lois ;

Délits connexes et prévus par les art. 1, 2, 3, 4 et 6 de la loi du 17 mai 1819.

Renvoie lesdits Comte, Dunoyer, le Gacieux, Gaubert, Bidault, Bert, Voidet, Foulon, Gossuin, Gévaudan, Etienne, Odillon-Barrot, Mérilhou, Joly et le comte Pajol devant la cour d'assises du département de la Seine, pour y être jugés à la plus prochaine cession, conformément aux dispositions de l'art. 13 de la loi du 26 mai 1819.

Et attendu qu'il ne résulte pas de l'instruction prévention suffisante contre Alexandre Baudoin, de s'être rendu complice des deux délits d'attaque et de provocation ci-dessus énoncés, en imprimant avec connaissance l'écrit du 31 mars précédemment désigné,

Déclare n'y avoir lieu à suivre contre lui.

Réserve au ministère public toutes poursuites contre tous autres signataires de l'imprimé du 31 mars, conformément à la loi.

Ordonne que le présent arrêt sera exécuté à la diligence du procureur-général.

Fait au Palais de Justice, à Paris, le 5 mai 1820, en la chambre du conseil, où siégeaient MM. *de Merville* et Dupaty, présidens. MM. Plaisant Duchateau, *Pavyot Saint-Aubin*, *De Berny*, Sannegon, de Laveau, *Dameuve*, Malartic, Defrasans, Moreau de la Vigerie, Villedieu de Torcy, *Dehaussy*, MM. Sylvestre jeune et Godart de Belbeuf, conseillers- auditeurs ayant voix délibérative, tous composant la chambre d'accusation, et qui ont signé.

IMPRIMERIE DE P. DUPONT, HOTEL DES FERMES.

www.ingramcontent.com/pod-product-compliance
Lightning Source LLC
Chambersburg PA
CBHW071415030726
47594CB00006B/2465